LE GUIDE

DES

CONTRIBUABLES.

IMPRIMERIE DE CONSTANT-CHANTPIE,
Rue Sainte-Anne, n° 20.

LE GUIDE

DES

CONTRIBUABLES

OU

RECUEIL

INDISPENSABLE, MIS A LEUR PORTÉE,

INDIQUANT D'UNE MANIÈRE PRÉCISE CE QUE CHACUN DOIT PAYER SELON LA LOI.

PAR M. MATHIEU,

EMPLOYÉ DANS LES CONTRIBUTIONS DIRECTES.

A PARIS,

Chez NADAU, Faubourg Saint-Martin, n° 41.

1822.

AVANT-PROPOS.

CONNAISSANT par expérience, les embarras qu'éprouvent les Contribuables pour établir les réclamations qu'ils ont à faire à l'autorité, j'ai pensé qu'il serait utile de réunir dans un petit ouvrage, sous le titre de *Guide des Contribuables*, toutes les dispositions *législatives* qui les intéressent, et de leur tracer la marche qu'ils doivent suivre, sous le rapport de leurs Contributions.

TABLE
DES MATIÈRES.

CHAP. Ier — *Précis sommaire sur les quatre Contributions directes.*

CHAP. II. — 1° *De la Contribution foncière.*
2° *De son assiette.*
3° *De sa répartition.*

CHAP. III. — 1° *De la Contribution personnelle et mobilière.*
2° *De son assiette.*
3° *De sa répartition.*

CHAP. IV. — 1° *De la Contribution des portes et fenêtres.*
2° *De sa répartition.*

CHAP. V. — 1° *De la Contribution des patentes.*
2° *De son assiette.*

CHAP. VI. — 1° *Du recouvrement en général des quatre Contributions directes.*

2° *Des obligations imposées aux contribuables.*

3° *Des obligations des Percepteurs envers les contribuables.*

NOTA. On trouve à la fin de cet ouvrage, le tableau du classement de patentables, le tarif pour le droit fixe, ainsi que le tarif des frais des actes de poursuites, auxquels leur recouvrement peut donner lieu, annexé à l'arrêté du 1er juillet 1817, et enfin les formules de pétitions pour tous les cas de réclamation.

LE GUIDE DES CONTRIBUABLES.

CHAPITRE PREMIER.

Précis sommaire sur les quatre natures de Contributions directes perçues en France.

Les Contributions directes forment la majeure partie des revenus de l'État.

Elles sont au nombre de quatre :

1° La Contribution foncière;

2° La Contribution personnelle et mobilière;

3° La Contribution des portes et fenêtres;

4° La Contribution des patentes.

Les trois premières sont des impôts de répartition, c'est-à-dire, dont le montant est fixé d'avance par une loi, et réparti ensuite porportionnellement entre les départemens, les arrondissemens, les communes et les contribuables. (*Rec. méthod.*).

L'impôt des patentes est un impôt de quotité dont le montant ne peut être primitivement connu, puisqu'il est recouvré d'après un tarif, et que la totalité des cotes forme la masse de l'impôt.

Le produit des trois premières Contributions rentre intégralement en principal au trésor; les non valeurs sont couvertes par les centimes imposés additionnellement à cet effet.

Le produit des patentes est éventuel; il varie suivant le plus petit ou le plus grand nombre d'imposables, le plus ou moins de non valeurs.

Les Contributions directes sont recouvrables d'après les rôles confectionnés par le Directeur des Contributions directes, rendus exécutoires par le Préfet, publiés par les Maires, et remis ensuite à des agens nommés par le Gouvernement, désignés sous le nom de Percepteurs, qui sont chargés d'en effectuer le recouvrement. (*Lois des* 1er *déc.* 1790, *et* 23 *nov.* 1798, ou 3 *frim. an* 7).

CHAPITRE II.

De la Contribution foncière.

§ Ier

La Contribution foncière représente une partie du produit net du sol, que le propriétaire remet au Gouvernement pour fournir aux charges générales de l'État. (*Lois des* 1er *déc.* 1790, 23 *nov.* 1798, ou 3 *frim. an* 7, *et Charte constit.*).

La Contribution foncière a donc pour caractère distinctif, d'être indépendante des autres facultés des contribuables, puisque c'est le sol qui doit, et non celui qui le possède.

§ II.

De son assiette.

La Contribution foncière est établie proportionnellement sur toutes les propriétés foncières, à raison de leur revenu net. (*Lois des* 1er *déc.* 1790, *et* 23 *nov.* 1798, ou 3 *frim. an* 7).

Les exceptions en faveur de l'agriculture et de l'intérêt public sont déterminées par la législation. (*Loi du* 15 *sept.* 1807).

Le revenu net est seul imposable.

Les maisons, usines, manufactures, et généralement toute espèce d'établissement qui augmente le revenu, sont évalués, d'après leur valeur locative, déduction des charges et frais d'entretien, et contribuent à augmenter la valeur primitive du sol. (*Loi du* 23 *nov.* 1798, ou 3 *frim. an* 7).

Les exceptions établies par la législation en faveur de l'agriculture, exemptent de toute augmentation :

1° L'évaluation primitive, pendant vingt-cinq années, des marais desséchés;

2° L'évaluation primitive, pendant les dix premières années, des terres vaines et vagues depuis quinze années;

3° L'évaluation primitive, pendant les trois premières années, des terres en friche depuis dix ans, qui seront semées en bois;

4° L'évaluation primitive, pendant quinze ans, des terres vaines, vagues ou en friche depuis quinze ans, qui seront plantées en vignes, mûriers ou autres arbres fruitiers. (*Loi du* 23 *nov.* 1798, ou 3 *frim. an* 7).

Le revenu des terrains déjà en valeur, qui seront plantés ou semés en bois, doit être réduit, pendant les trente premières années, au quart de celui des terres d'égale valeur, non plantées. (*Loi du* 23 *nov.* 1798, ou 3 *frim. an* 7).

Si les terrains qui éprouvent des changemens de culture étaient primitivement en production, le revenu ne peut être porté au-dessus de l'évaluation des terres d'une égale valeur, sans avoir égard à l'augmentation qui pourrait résulter de sa nature de culture avant la plantation. (*Loi du* 23 *nov.* 1798, ou 3 *frim. an* 7).

Le contribuable qui veut jouir de l'avantage de ces exceptions, doit, sous peine d'en être privé, avant de commencer le desséchement, le défrichement ou les plantations, faire à la Sous-Préfecture la déclaration de la quantité des terres, et de leur nature actuelle de culture, qu'il veut améliorer.

Cette déclaration est communiquée au Maire et aux Répartiteurs, et le Préfet statue sur leur rapport.

Les propriétaires qui ont desséché des marais ou qui ont fait des défrichemens avant le cadastre, continuent à jouir pendant le temps limité, des exceptions, ci-dessus mentionnées. (*Rec. méth., pag.* 407 *et* 1141).

Si les desséchemens et les défrichemens ont eu lieu depuis le cadastre, les propriétaires ne sont assujétis à aucune déclaration, et les alivremens n'éprouvent aucun changement, et demeurent tels qu'ils étaient avant l'amélioration jusqu'au renouvellement du cadastre. (*Rec. méth.*)

Les propriétaires des terres vaines et vagues ne peuvent s'affranchir de l'impôt auquel ils sont assujétis qu'en en faisant l'abandon à la commune par une déclaration à la Sous-Préfecture. (*Loi des* 1er *déc.* 1792, *et* 23 *nov.* 1798 ou 3 *frim. an* 7).

Les maisons non louées pendant une année, à partir du 1er Janvier, ne peuvent être imposées que pour le sol, à la charge par le propriétaire de se conformer aux dispositions réglementaires arrêtées par MM. les Préfets. (*Lois des* 1er *déc.* 1790, *et* 23 *nov.* 1798, ou 3 *frim. an* 7).

Les fabriques, manufactures, forges, moulins, maisons et autres édifices en reconstruction ou nouvellement construits, ne sont imposables à la Contribution foncière que la troisième année après leur construction ou reconstruction : le sol seul reste imposé. (*Même loi*).

Les forêts et bois de l'État, les biens de la dotation de la commune, les palais, châteaux, bâtimens royaux, les colléges, écoles, maisons royales d'éducation, les hospices et jardins y attenant, les maisons d'écoles appartenant aux communes, les manufactures royales ne sont pas imposables. (*Loi du* 28 *nov.* 1798, ou 3 *frim. an* 7, *et décret du* 11 *août* 1808).

§ III.

De la répartition foncière.

Le contingent de la Contribution foncière est réparti entre les départemens, proportionnellement à leur revenu imposable, par la même loi qui en fixe la quotité. (*Lois des* 1er *déc.* 1790, *et* 23 *nov.* 1798, ou 3 *frim. an* 7).

Le Ministre des finances envoie à chaque Préfet un mandement indicatif du contingent assigné à son département. (*Loi du* 25 *nov.* 1798, ou 3 *frim. an* 7).

Le Conseil général répartit proportionnellement ce contingent entre les arrondissemens.

Les Conseils d'arrondissemens répartissent proportionnellement, et d'après leur revenu, entre les communes, le contingent assigné à chaque arrondissement.

Les Répartiteurs et les Maires procèdent ensuite à la répartition proportionnelle entre les contribuables, du contingent assigné à chaque commune. (*Loi du* 23 *nov.* 1798, ou 8 *frim. an* 7).

Ce travail est adressé au Préfet qui le transmet, après l'avoir vérifié, au Directeur qui pro-

CHAPITRE III.

§ Ier

De la Contribution personnelle et mobilière.

Chaque habitant de tout sexe, domicilié dans une commune depuis un an, jouissant de ses droits et qui n'est pas dans l'indigence, doit la Contribution personnelle et mobilière. (*Loi du* 23 *nov.* 1798, ou 3 *frim. an* 7).

Sont réputés jouir de leurs droits,

1° Les enfans majeurs ou mineurs qui vivent avec leurs père et mère, lorsqu'ils jouissent de leurs revenus, ou qu'ils exercent un état lucratif; 2° les enfans qui jouissent personnellement de leurs revenus, lors même que ces revenus sont administrés par le père, la mère ou un tuteur. (*Décis. du* 12 *août* 1801, ou 23 *ther. an* 9).

La femme sous puissance de mari, ne peut être imposée à la Contribution personnelle et mobilière.

On ne peut être imposé à cette Contribution

qu'au lieu de sa principale habitation. (*Lois des* 18 *fév.* 1791, *et* 23 *déc.* 1798, ou 3 *niv. an* 7).

Celle qui représente le plus fort loyer, est réputée telle.

Ces dispositions ne sont pas applicables aux villes de Paris, Bordeaux, etc., où la Contribution mobilière est remplacée par un prélèvement sur l'octroi et à laquelle tout habitant est assujéti. (*Loi du* 25 *mars* 1817).

Les Fonctionnaires publics qui ont plusieurs habitations doivent la Contribution personnelle. (*Déc. minist. des* 16 *sept.* 1791 *et* 8 *oct.* 1801, ou 17 *frim. an* 10).

Les Membres de la chambre des Députés ne doivent être cotisés qu'au lieu de leur résidence ordinaire. (*Déc. minist. des* 16 *sept. et* 8 *oct.* 1801, ou 17 *frim. an* 10).

§ II.

De l'assiette de la Contribution personnelle et mobilière.

Cette Contribution se compose indistinctement pour chaque contribuable, de la taxe personnelle et de la taxe mobilière. (*Loi du* 23 *déc.* 1798, ou 3 *niv. an* 7).

La taxe personnelle est invariable, elle est la

même pour tous les contribuables. (*Loi du* 23 *déc.* 1798, ou 3 *niv. an* 7).

Elle est formée du prix de trois journées de travail.

Le prix de cette journée est déterminé par le Préfet, et ne peut être au-dessus de 1 franc 50 centimes, ni au-dessous de 50 centimes. (*Loi du* 18 *fév.* 1791).

La taxe mobilière est déterminée d'après le loyer de l'habitation personnelle du contribuable de sa famille. (*Loi du* 3 *mai* 1802, ou 13 *flor. an* 7).

Ne font pas partie de ce loyer, et ne doivent pas être compris dans l'évaluation, servant de base à la répartition de l'impôt,

1° Les magasins, boutiques, ateliers, usines, la partie des hôtels garnis, cafés, auberges, destinés aux voyageurs et au public, et généralement tous les édifices qui, par leur nature sont affectés à un genre d'industrie, et dont le prix de location est atteint par le droit proportionnel de patentes. (*Loi du* 23 *déc.* 1798, ou 3 *niv. an* 7).

2° Les bureaux de fonctionnaires publics et les parties de logement qui servent dans les maisons d'éducation aux élèves. (*Lois des* 26 *juill. et* 8 *déc.* 1801, ou 7 *therm. et* 17 *frim. an* 10).

Les jardins d'agrément, attenant aux maisons d'habitation ne jouissent pas de cette exception.

(*Lois des* 26 *juill. et* 8 *déc.* 1801, ou 7 *ther., et* 17 *fév.* an 10).

Les loyers d'habitation des personnes logées gratuitement dans des bâtimens publics ou royaux, ne doivent être évalués que d'après les facultés des personnes qui les habitent. (*Lois des* 26 *juill. et* 8 *déc.* 1801, ou 7 *ther., et* 17 *frim. an* 10).

§ III.

De la répartition de la Contribution personnelle et mobilière entre les départemens, les arrondissemens, les communes et les contribuables.

La loi qui crée l'impôt personnel et mobilier, assigne à chaque département son contingent en principal et centimes additionnels.

Le Conseil général répartit le contingent du département, entre les arrondissemens; le Conseil d'arrondissement, entre les communes; le Maire et les Commissaires répartiteurs, entre les contribuables. (*Lois des* 17 *fév.* 1800, ou 28 *pluv. an* 8, *et* 23 *sept.* 1814).

CHAPITRE IV.

§ Ier

De la Contribution des portes et fenêtres.

La Contribution des portes et fenêtres a été établie par la loi du 24 Novembre 1798; elle se prélève sur toutes les portes et fenêtres donnant sur les rues, cours et jardins des maisons, des salles de spectacles, bâtimens, usines, magasins, hangars et boutiques; elle atteint généralement toutes les maisons habitées.

Les portes et fenêtres dans l'intérieur des maisons, celles servant à éclairer ou à aérer les caves, les bergeries, les granges, les étables, les greniers, les ouvertures des combles des maisons et des toitures, et généralement toutes les ouvertures des maisons ou des bâtimens qui ne servent pas à l'habitation des hommes, ne sont pas imposables. (*Instr. gén. du* 23 *nov.* 1798, ou 3 *frim. an* 7).

Les mêmes exceptions sont applicables aux portes et fenêtres des bâtimens affectés à un service public, militaire, ou à l'instruction, ainsi qu'aux hospices, mais les personnes qui occupent en tout ou partie ces bâtimens, et à qui la loi n'accorde pas de logement, doivent être imposées, seulement pour la partie qu'elles occupent. (*Même instr.*).

Les manufacturiers jouissent des mêmes exceptions pour leurs manufactures; ils sont cependant imposables pour la partie du bâtiment qui leur sert d'habitation. (*Loi du 25 mars* 1803, ou 4 *germ. an* 11).

§ II.

De la répartition de la Contribution des portes et fenêtres.

La loi qui, chaque année, fixe cette Contribution, la répartit entre les départemens.

Le Préfet répartit le contingent assigné au département, entre les arrondissemens.

Les Sous-Préfets entre les communes, et les Maires entre les contribuables.

Le nom du propriétaire ou de l'usufruitier qui donne sa maison en location, ou celui des contribuables qui sont logés dans des bâtimens appartenant à l'Etat, doit toujours figurer sur le rôle. (*Loi du* 24 *nov.* 1798, ou 4 *frim. an* 7).

Si le propriétaire ou l'usufruitier loue sa maison à plusieurs locataires, il retient à chaque locataire la partie de la Contribution résultant des portes et fenêtres, à l'usage de chacun d'eux. (*Même loi*).

Les portes et fenêtres à l'usage général de tous les locataires, restent à la charge du propriétaire. (*Même loi*).

S'il y a un principal locataire, le propriétaire lui retient la totalité de l'impôt, et le principal locataire perçoit de chaque sous-locataire la *partie* de *l'impôt* qui le concerne. (*Même loi*).

CHAPITRE V.

§ Ier

De la Contribution des patentes.

Tout individu qui exerce en France un commerce, une industrie, un métier, ou une profession, est assujéti au droit de patentes, aux exceptions que nous indiquerons à la fin de ce chapitre. (*Loi du* 22 *oct.* 1798, ou 1er *br. an* 7).

§ II.

De l'assiette de la Contribution des patentes.

La Contribution des patentes se divise en droit fixe et droit proportionnel. (*Même loi*).

Le droit fixe est établi d'après la clause du contribuable et la population du lieu qu'il habite.

Le droit proportionnel résulte du loyer.

La loi du 25 Mars a établi cinq catégories de patentables : 1° patentables classés d'après la population; 2° patentables hors de classe; 3° fabricans à métier; 4° filateurs; 5° fabricans et manufacturiers.

Première Catégorie.

La première catégorie est divisée en sept classes.

Le droit fixe à payer par chaque classe est fixé, eu égard à la population, conformément au tableau suivant :

POPULATION.

CLASSES	De 5000 et au-dessous.	De 5000 à 10000	De 10000 à 20000	De 20000 à 30000	De 30000 à 50000	De 50000 à 100000	De 100000 et au-dessus.
1re	40 f.	40 f.	80 f.	120f.	180 f.	240 f.	300 f.
2me	20	25	30	40	60	80	100
3me	15	20	25	30	45	60	75
4me	8	10	15	20	30	40	50
5me	5	8	10	16	24	32	40
6me	4	5	8	12	18	24	30
7me	3	4	5	8	12	16	20

Le classement de chaque nature de commerce, d'industrie, de métiers et de professions, est établi dans le tableau alphabétique ci-après annexé, n° 2.

Deuxième Catégorie.

La deuxième catégorie renferme les contribuables qui sont hors de classe, et dont le droit fixe est établi sans égard à la population ainsi qu'il suit, (*Loi du 25 mars 1817*), Savoir :

1° Les banquiers. . . . . 500 f.

2° Les négocians, marchands en gros, les armateurs pour le long cours et pour le grand cabotage, les commissionnaires de marchandises en gros, sont taxés (1);

Savoir :

Pour une population de 50 mille âmes et au-dessus. 300

De 50 à 30 mille, et dans les ports de mer, où un entrepôt réel est établi, quoique la population ne soit pas de 50 mille âmes. 200

---

(1) Voyez pages 35 et 36, quelle est la nature qui constitue le marchand en gros.

Dans toutes les autres communes. . . 150

3° Les courtiers de navires et de marchandises, les entrepreneurs de roulage et ceux de voitures publiques par terre et par eau. 200

4° Les marchands forains avec voitures. 80

5° Les colporteurs avec chevaux, ou autres bêtes de somme. 60

6° Les colporteurs avec balle, soit qu'ils aient ou non domicile. 20

7° Les entrepreneurs ou directeurs de spectacles et autres amusemens publics, dans lesquels le public est admis en payant.

Le montant complet d'une représentation, établi d'après le nombre et le prix de chaque place.

8° Les maîtres de danse donnant bal, le montant d'une recette de bal. (*Loi du 25 mars 1817*).

Troisième Catégorie.

La troisième catégorie ne se compose que de fabricans à métiers. (*Loi du 25 mars 1817*).

Ces fabricans sont assujétis au droit fixé dans la 5e classe. (*Voy. le tabl.* N° 2).

Ils payent indépendamment pour chaque métier au-dessus de cinq, Savoir :

1° Pour les métiers d'une largeur au-dessus d'un mètre. . . . . 4 f.

2° Pour les métiers d'un mètre et au-dessous. . . . . 2 f.

Quel que soit au-dessus le nombre des métiers, lorsque le droit s'élève à 300 fr., les fabricans ne payent rien en sus, cette quotité de droit étant le *maximum*.

Quatrième Catégorie.

Les filateurs de laine et de coton forment la quatrième catégorie.

Ils payent pour 500 broches et au-dessous, sans comprendre celle des bellys et autres métiers préparatoires.. . . . . 5 f.

Par chaque 100 de broches et au-dessus. 3 f.

Le maximum de ce droit, quel que soit le nombre de broches, ne peut dépasser. 300 f. (*Loi du* 25 *mars* 1817).

Cinquième Catégorie.

Les fabricans et manufacturiers composent la cinquième catégorie. (*Lois des* 22 *oct.* 1798, ou 1er *br. an* 7, *et* 25 *mars* 1817).

On entend par fabricans et manufacturiers,

1° Les teinturiers travaillant pour les fabricans

et pour les marchands qui teignent les étoffes et les matières premières servant à la fabrication des tissus ;

2° Les imprimeurs d'étoffes ;

3° Les tanneurs ;

4° Les manufacturiers de produits chimiques ;

5° Les entrepreneurs de fonderies, de forges, de verreries, d'aciéries, de blanchisseries et de papeetries ;

6° Les fabricans ou manufacturiers qui convertissent des matières premières en des objets d'une autre forme ou qualité, soit simple, soit composée.

Les propriétaires qui manipulent les produits de leurs récoltes ne sont pas assujétis à ces droits. (*Mêmes lois*).

Les patentables compris dans la quatrième et la cinquième catégories payent le droit fixe sans avoir égard à la population de la commune qu'ils habitent, conformément au tarif suivant,

SAVOIR :

Première classe.	300 f.
Deuxième classe.	200
Troisième classe..	150
Quatrième classe.	100
Cinquième classe.	50
Sixième classe	25

(*Loi du 25 mars 1817*).

Les fabricans qui travaillent sans ouvriers, qui n'ont pas de boutiques ni de magasins, et qui vendent au fur et à mesure les produits de leurs fabrications, ne sont assujétis qu'au droit fixe de la sixième classe. (*Loi du* 22 *oct.* 1798, ou 1er *br. an* 7).

Le Préfet fixe chaque année, par un arrêté, les délais dans lesquels les fabricans et les filateurs doivent faire la déclaration des métiers et des broches qu'ils emploient : à défaut de déclaration, ils sont taxés d'office par des commissaires nommés par le Maire. (*Loi du* 25 *mars* 1817).

Les fabricans qui déclarent vouloir payer le *maximum*, ne sont pas obligés d'indiquer le nombre des métiers et des broches qu'ils emploient. (*Même loi*).

§ III.

De l'application du droit proportionnel.

Le droit proportionnel consiste dans le dixième du loyer. (*Loi du* 22 *oct.* 1798, ou 1er *brum. an* 7).

Pour déterminer la valeur locative qui doit servir de base à la fixation du 10.e, on prend le bail du contribuable, s'il en existe, sans faire la déclaration du 1/4, ainsi que cela se pratique dans l'évaluation de la Contribution foncière, ni la déduction du 1/3 s'il s'agit d'une usine. (*Même loi*).

Si les baux comprennent des objets qui doivent servir de base pour la fixation du droit proportionnel, et d'autres articles qui ne peuvent être considérés comme inhérens au commerce; par exemple, si le bail d'une usine, d'un moulin, etc., renferme des terres, des prés; le revenu de ces objets étrangers au commerce ne peut être compris dans l'évaluation du droit proportionnel. (*Même loi*).

S'il n'existe pas de bail, le droit proportionnel s'établit d'après les matrices des rôles de la Contribution foncière : dans cette dernière hypothèse, il faut ajouter le 1/4 s'il s'agit d'une maison, et le 1/3 s'il s'agit d'une usine.

Si on ne peut se procurer ces renseignemens, ou si ceux recueillis sont insuffisans, le patentable est obligé de faire sa déclaration, et si elle paraît inexacte, on procède d'office à l'évaluation du revenu. (*Même loi*).

§ IV.

De l'application du droit fixe et du droit proportionnel.

Les cinq premières classes du tarif sont assujéties aux droits fixes et proportionnels. (*Loi du 22 oct.* 1798, ou 1er *br. an* 7).

Les sixième et septième classes ne doivent que le droit fixe.

Les Contribuables hors de classe, dont le droit fixe est de 40 fr., doivent également le droit proportionnel : ils ne le doivent pas lorsqu'ils ne paient que 30 fr. de droit fixe et au-dessous. (*Même loi*).

Les filateurs doivent toujours le droit proportionnel, quel que soit le droit fixe auquel ils sont assujétis.

Les maîtres d'hôtels garnis ne paient, pour droit proportionnel, que le quarantième de la valeur de leur location. (*Même loi*).

Les meuniers paient le droit proportionnel à raison du 30e de la maison qu'ils occupent, du moulin et de l'usine. (*Instr. du* 17 *sept.* 1803, ou 30 *ther. an* 11).

Les paumiers ne doivent, pour droit proportionnel, que le 20e de leur loyer.

Les marchands qui vendent en ambulance, dans échoppe ou en étalage, sont assujétis à moitié des droits fixe et proportionnel que payent les marchands en boutique. (*Loi du* 22 *oct.* 1798, ou 1er *br. an* 7).

Ils sont tenus d'acquitter la totalité de ces droits lors de la remise de la patente.

Les propriétaires et principaux locataires qui, par leur profession ou le genre d'industrie qu'ils exercent, sont passibles du droit de patente, ne paient le droit proportionnel, lorsqu'ils en sont passibles, que d'après la valeur locative de la maison ou partie de maison qu'ils occupent. (*Même loi*).

Lorsqu'une maison de commerce agit sous la raison d'un *tel et compagnie*, elle n'est assujétie qu'à une seule patente. (*Loi du* 22 *oct.* 1798).

Si elle agit sous la dénomination de plusieurs associés, chacun d'eux est assujèti à une patente particulière.

Lorsque les associés occupent une même maison, les mêmes usines et les mêmes ateliers, il n'est dû qu'un droit proportionnel payé en entier par l'un d'eux; les autres ne doivent que le droit fixe. (*Même loi*).

Si les associés habitent la même commune, le principal associé paie le droit fixe en totalité, les autres associés ne paient, indépendamment du droit proportionnel, qu'un demi-droit fixe. (*Loi du* 25 *mars* 1817).

Ces dispositions ne sont pas applicables aux établissemens de fabrications à métier ou de filature. Dans ce cas, quel que soit le nombre des associés, il n'est dû qu'un droit fixe. (*Même loi*).

Les maris et les femmes ne doivent qu'une patente, lors même qu'ils exercent différens états ou professions; mais ils sont classés d'après la classe la plus élevée de leur profession ou industrie, et ils paient le droit proportionnel lorsqu'ils en sont passibles, pour les différens magasins, usines et maisons d'habitation qu'ils occupent. (*Loi du* 22 *oct.* 1798, ou 1er *br. an* 7).

S'ils sont séparés de biens, ils sont assujétis chacun à une patente.

Tout patentable qui exerce son industrie et son commerce dans plusieurs communes, doit :

1° Le droit fixe dans le lieu où ce droit est le plus élevé;

2° Le droit proportionnel, dans toutes les communes où il y a des établissemens, d'après la valeur locative des maisons, usines, magasins et ateliers qu'il occupe. (*Même loi*).

Il doit, en conséquence, pour obtenir sa patente, la quittance de ces derniers droits, délivrée par les Percepteurs des communes où ces établissemens sont situés.

Lorsqu'un patentable change de domicile, sa patente lui sert dans la nouvelle commune qu'il va habiter, en payant l'augmentation qui peut résulter dans les droits fixes et proportionnels de la population, et des loyers de la maison et des établissemens qu'il occupe. (*Même loi*).

Si un patentable change de commerce et d'habitation sans changer de commune, il doit également l'augmentation des deux droits, d'après la classe et les loyers.

Dans aucun cas, il ne peut y avoir de diminution dans la fixation de ces droits, d'après la patente primitive.

Les patentes sont dues pour l'année : le contribuable qui vient à cesser son commerce dans le cours de l'année pour laquelle il a pris une patente, n'a droit à aucun remboursement. (*Même loi*).

La cote d'un individu qui vient à décéder n'est due que pour le passé et pour le mois courant. (*Loi du* 22 *oct.* 1798, ou 1er *br. an* 7).

Les différentes professions qui ne sont pas dénominativement désignées par le tarif, sont taxées par analogie avec le genre de commerce auquel elles ont le plus de rapport. (*Même loi*).

Ceux qui entreprennent un commerce ou qui commencent à exercer une profession dans le cours de l'année, ne doivent la patente qu'à compter du moment où ils commencent, et par trimestre, sans qu'il puisse être divisé. (*Même loi*).

Toute personne faisant des reventes sous des enveloppes usitées, pour les premières entrées dans le commerce, des objets commerçables, est réputée vendre en gros, et taxée conformément aux dispositions ci-dessus. (*Même loi*).

Les marchands vendant en balle ou à pièce sont assimilés aux marchands en gros.

La formule de patente est délivrée aux contribuables par les Percepteurs, sans autres frais que celui du timbre fixé, par la loi du 25 Mars, à 1 fr. 25 c., lors du premier paiement. (*Même loi*).

Elle est ensuite soumise au *visa* du Maire.

§ V.

Des Exemptions.

Sont exempts de patente,

1° Les fonctionnaires et employés du Gouvernement, pour leurs fonctions seulement ;

2° Les propriétaires et cultivateurs, seulement pour le produit de leurs biens ou de celui qu'ils cultivent. (*Loi du 22 oct.* 1798, ou 1er *br. an* 7).

Tout propriétaire ou cultivateur ayant magasin ailleurs qu'à son domicile, pour la vente de ses produits, ne jouit pas de cette exception. (*Même loi*).

3° Toutes personnes à gages et travaillant pour autrui dans les magasins, boutiques et ateliers.

Les ouvriers qui travaillent chez eux pour les

marchands et fabricans, doivent une patente de 6e classe, ou de celle de leur profession désignée au tarif. (*Même loi*).

Les ouvriers qui travaillent chez des personnes d'un état différent du leur, doivent la patente de la classe de leur profession. (*Instr. du* 17 *novembre* 1803).

4° Les avocats, les notaires et avoués ;

5° Les médecins, officiers de santé, employés dans les hôpitaux civils et militaires, ou donnant leurs soins à des établissemens de charité, lorsqu'ils sont régulièrement nommés, soit qu'ils reçoivent ou non un traitement.

6° Les peintres, graveurs, sculpteurs, considérés comme artistes, lorsqu'ils ne vendent que le produit de leur art, excepté les peintres en bâtimens et voitures. (*Loi du* 22 *oct.* 1798).

7° Les professeurs et instituteurs. (*Décision minist.*).

8° Les maîtres de poste pour l'exploitation seulement des relais dont ils sont titulaires. (*Loi du* 22 *oct.* 1798, ou 1er *br. an* 7).

9° Les mesureurs de grains gagés par la police, les fermiers du droit de mesurage. (*Instr. du minist.*, *du* 17 *sept.* 1803).

10° Ceux qui exploitent des mines, les propriétaires des marais salans. (*Loi du* 30 *fruct. an* 11).

11° Les marins commandant les navires ou

barques, faisant le petit cabotage ou la pêche, ainsi que les pêcheurs.

12° Les commerçans qui arment des navires pour la pêche de la morue ou de la baleine, et ceux qui arment des bateaux pour exploiter la pêche sur la côte, ne jouissent pas personnellement de cette exemption, qui n'a lieu qu'en faveur de ceux qui font le voyage: les premiers sont taxés comme armateurs, et les seconds sont, par analogie, placés dans la 3e classe comme propriétaires des bâtimens servant au petit cabotage. (*Loi du* 22 *oct.* 1798, ou 1er *br. an* 7).

Les maîtres de bateaux, désignés sous la dénomination de bateliers dans les ports, et qui chargent et déchargent les navires, prétendaient être exempts du droit de patentes comme les caboteurs; mais le comité des finances consulté, a décidé, le 19 Juillet 1816, « que les mariniers du port de » Bordeaux, connus sous la dénomination de « *gabarriers*, sont assujétis au droit de patente, « et rangés dans la 5e classe du taux annexé à la « loi du 1er Brumaire de l'an 7 (22 Octo- « bre 1798) ».

13° Les porteurs de contraintes;

14° Les marchands qui vendent en ambulance dans les rues et dans les marchés, des fruits, des légumes et autres menus comestibles en détail.

Les marchands qui transportent des comestibles

dans les foires et marchés des autres communes, ne jouissent pas de cette exemption; ils demeurent assujétis au droit de 1re classe s'ils vendent en gros, et à celui de la 6e s'ils vendent en détail. (*Loi du* 22 *oct.* 1798, ou 1er *br. an* 7).

Sont également exempts des droits de patente les sages-femmes, les cardeurs, les fileurs de laine et coton, les blanchisseurs, les savetiers et les tripiers. (*Même loi*).

Tout individu qui exerce une profession sans titre, et abusivement, ne peut être patenté en cette qualité; il s'expose à être poursuivi conformément aux lois.

Les huissiers doivent toujours rappeler dans leurs actes leur patente. (*Ordonnance du* 28 *décembre* 1814).

Personne ne peut intenter aucune action en justice ni fournir de défense pour tout ce qui est relatif à son commerce, son industrie, sans faire mention de la patente dont il doit être muni, et dont la classe et le numéro doivent être rappelés, sous peine de 500 fr. d'amende, tant contre les particuliers sujets à la patente, que contre les fonctionnaires qui auraient reçu lesdits actes sans en faire mention.

La condamnation à cette amende est prononcée par le Tribunal de première instance, à la requête du Procureur du Roi.

Tout marchand exposant des marchandises en vente dans les places, marchés et autres lieux, est tenu d'exhiber sa patente toutes les fois qu'il en est requis par les Maires et Adjoints, Juges de paix et Commissaires de police. (*Loi du* 22 *oct.* 1798, ou 1er *br. an* 7).

Si les marchandises sont exposées en ventes hors du domicile du marchand non pourvu de patente, ou qui refuserait de la représenter, elles seront saisies et séquestrées aux frais du vendeur, jusqu'à ce qu'il ait produit une patente convenable. (*Même loi*).

Si le marchand vend à son domicile, il sera dressé un procès-verbal qui sera transmis au procureur du Roi près le Tribunal de première instance, pour poursuivre le contrevenant conformément aux lois. (*Même loi*).

Toute personne sujette aux droits de patente doit se munir, avec exactitude, de la formule de patente, afin d'être en mesure de la représenter lorsqu'il en sera requis. (*Même loi*).

CHAPITRE VI.

§ Ier

Du recouvrement des quatre natures de Contributions directes.

Les Contributions sont payables, par douzième, en numéraire, et de mois en mois. Chaque douzième est exigible immédiatement après son échéance; à défaut de paiement, les Percepteurs peuvent poursuivre les contribuables, et deviennent eux-mêmes responsables, envers le Trésor, de la rentrée des termes échus. (*Lois des* 1er *déc.* 1790, *et* 23 *nov.* 1798, ou 3 *frim. an* 7).

Les Percepteurs ne peuvent rien exiger d'un contribuable qu'ils ne soient porteurs d'un rôle rendu exécutoire par le Préfet, et publié. (*Loi et arr. du Gouvern. des* 23 *nov.* 1798, ou 3 *frim. an* 7, *et* 4 *août* 1800, ou 16 *ther. an* 8).

Cette publication est faite par le Maire, le Dimanche qui suit immédiatement la remise des rôles; elle a lieu à l'issue de la messe paroissiale. (*Mêmes loi et arr.*).

Le Maire certifie cette publication sur le rôle qu'il remet ensuite au Percepteur.

§ II.

Des obligations imposées aux Contribuables.

Les contribuables doivent payer à l'échéance de chaque mois le douzième échu de leurs Contributions. (*Loi du* 23 *nov.* 1798, ou 3 *frim. an* 7).

Il est de leur intérêt de bien se pénétrer de cette obligation, afin d'éviter des frais; en divisant d'ailleurs ainsi leurs paiemens, il les effectuent avec plus de facilité.

Les Percepteurs ne peuvent suspendre leurs poursuites contre les contribuales, ou s'en départir, que sur une autorisation du Préfet.

Les réclamations formées par les contribuables, de quelque nature qu'elles soient, ne les dispensent pas de l'obligation de payer leurs contributions à leur échéance, sauf à leur rembourser les sommes qu'ils auraient payées de trop, si leurs réclamations étaient reconnues fondées.

Ce remboursement a lieu après décision, au moyen d'une ordonnance délivrée par le Préfet, sur le Percepteur qui a reçu, et qui l'effectue de suite.

Les fermiers, locataires, receveurs, économes, notaires, commissaires-priseurs, et tout dépositaire, débiteur ou détenteur de deniers provenant du chef d'un contribuable redevable, et affectés au privilége du Trésor, doivent acquitter, sur la notification de l'arrêté du Préfet, portant *main-levée*, les Contributions dues par le contribuable dont ils sont débiteurs, ou dont ils retiennent les fonds. (*Loi du* 12 *nov.* 1808).

Un locataire, un fermier dans les mains duquel il aurait été fait une saisie-arrêt pour paiement des Contributions de la maison ou des biens qu'il occupe, ou tient à titre de ferme, ne pourrait se prévaloir des paiemens qu'il aurait effectués par anticipation sur le prix de son bail.

Conformément à l'arrêté du Conseil d'État, du 9 Juin 1771, et à la décision de S. Ex. le Ministre des finances, du 30 Juillet 1816, les propriétaires sont garans et responsables de la Contribution personnelle et des patentes, dues par leurs locataires, et seront poursuivis comme redevables eux-mêmes,

1° Dans le cas de déménagement ou d'enlèvement de meubles effectués à l'expiration du bail ou des termes des loyers, si un mois avant cette expiration le propriétaire n'a pas eu soin d'en prévenir le Percepteur, et de retirer une déclaration de cet avertissement;

2° Dans le cas de déménagement furtif, si le propriétaire n'a pas soin de le faire constater légalement dans les trois premiers jours de ce déménagement.

Les contribuables dont les maisons ne sont pas louées, doivent en faire chaque trimestre la déclaration au Percepteur. (*Loi du* 23 *nov.* 1798, ou 3 *frim. an* 7).

Ces déclarations doivent être renouvelées chaque trimestre, pendant tout le temps de la vacance.

Les contribuables, porteurs de certificats d'indigence, doivent les déposer au bureau des Percepteurs dans les trois premiers mois de chaque exercice. (*Dispos. règlem.*)

§ III.

Des obligations des Percepteurs envers les Contribuables.

Au fur et à mesure de la confection des rôles, le Directeur des Contributions fait rédiger, par commune, un avertissement présentant en détail, pour chaque contribuable, le montant par nature des Contributions auxquelles il est imposé dans chaque commune. (*Loi du* 25 *mars* 1817).

Le Percepteur doit faire remettre, immédiatement après la publication des rôles, ces avertissemens aux contribuables.

Il est imposé additionnellement aux rôles cinq centimes pour confection et distribution de ces avertissemens ; le coût n'en doit donc pas figurer sur les états de frais que les Percepteurs doivent constamment rappeler en marge de chaque acte de poursuites. (*Loi du* 25 *nov.* 1817).

Si les contribuables n'effectuent pas dans la quinzaine qui suit la remise de cet avertissement, le paiement des termes échus de leurs contributions, les Percepteurs doivent, avant de commaner les poursuites, fair e remettre au domicile des contribuables ou du colon,. un second avertissement *gratis*, en les prévenant que, s'ils ne se libèrent pas dans les vingt-quatre heures, ils y seront contraints par voie de commandement.

Les Percepteurs ne sont obligés de donner, dans le cours de l'exercice, aux contribuables, qu'un seul avertissement *gratis*.

Ils doivent, cependant, à la remise en recouvrement des rôles supplémentaires de patentes, faire remettre aux contribuables l'avertissement prescrit par l'art. 71 de la loi du 25 Mars 1817, et le second avertissement *gratis* ci-dessus mentionné. (*Déc. minist. du* 12 *nov.* 1818).

Les contribuables avertis, ainsi qu'il est dit ci-dessus, qui ne se libéreront pas aux époques fixées, de leurs Contributions échues, seront poursuivis par voie de contrainte, de commandement, de saisie et de vente. (*Arr. du Gouvern., du 4 août* 1800, ou 16 *ther. an* 8).

Ces différens degrés de poursuites doivent se succéder et sont tous de rigueur, sans qu'on puisse en omettre aucun.

Lorsque les contribuables régulièrement prévenus ne se libéreront pas, le Percepteur forme un état des retardataires, qu'il fait viser par le Maire. (*Même arr.*).

Cet état est confié au porteur de contraintes, qui remet aux contribuables qui y sont désignés, un bulletin indiquant qu'ils en font partie, et qu'ils doivent se libérer de suite. (*Même arr.*).

Si cette mesure ne produit aucun résultat, les contribuables s'exposent à recevoir un commandement et à être saisis.

Les Percepteurs ont le droit de faire décerner un commandement immédiatement après l'expiration des trois jours, pendant lesquels s'exerce la contrainte collective. (*Même arr.*).

La saisie peut avoir lieu trois jours après la signification du commandement. (*Même arr.*).

Le Percepteur ne peut faire vendre que douze jours après la saisie.

Cette vente ne peut avoir lieu qu'avec l'autorisation du Préfet ou du Sous-Préfet; elle doit être notifiée à la partie saisie, aux dépositaires ou aux séquestres.

Ces ventes ne pourront être effectuées que sur les lieux de marchés, le jour et à l'heure indiqués par l'autorisation, et jusqu'à la concurrence seulement des contributions échues et des frais. (*Même arr.*).

Les Percepteurs ne doivent faire saisir que les objets déclarés saisissables par la loi, et seulement jusqu'à la concurrence des Contributions échues et des frais. (*Même arr.*).

Sont déclarés insaisissables par la loi,

1° Le coucher nécessaire des saisis, ceux de leurs enfans vivant avec eux, les habits dont les saisis sont vêtus et couverts,

2° Les livres relatifs à la profession du saisi, jusqu'à la somme de 300 fr., à son choix,

3° Les machines et instrumens servant à l'enseignement, pratique ou exercice des sciences et arts, jusqu'à concurrence de la même somme, et au choix du saisi ;

4° Les équipemens des militaires, suivant l'ordonnance et le grade ;

5° Les outils des artisans nécessaires à leurs occupations personnelles ;

6° Les farines et menues denrées nécessaires à la consommation du saisi et de sa famille, pendant un mois ;

7° Enfin, une vache, ou trois brebis, ou deux chèvres, au choix du saisi, avec les pailles, fourrages et grains nécessaires pour la litière et la nourriture desdits animaux, pendant un mois. (*Art.* 592 *du code de proc. civ.*).

Lesdits objets ne peuvent être saisis pour aucune créance, même celle de l'État. (*Art.* 593, *même code*).

Les chevaux, mulets et bêtes de trait servant au labour, les harnais et instrumens aratoires, les matières et outils à travailler, ne peuvent être saisis pour contributions.

Il sera laissé au saisi la quantité de grains ou graines nécessaires à l'ensemencement ordinaire des terres qu'il exploite.

Les abeilles, les vers à soie, les feuilles de mûrier, ne seront saisissables que dans les temps déterminés par les lois, sur les biens et usages ruraux.

Toute contravention à ces dispositions de la part d'un porteur de contraintes, le rend passible d'une amende de 100 fr. (*Arr. du* 16 *ther. an* 8, ou 4 *août* 1800).

Lorsqu'un porteur de contraintes se présente pour faire une saisie, il doit exhiber sa commission, si les contribuables l'exigent.

Il ne peut recevoir d'eux ni le montant de leurs Contributions, ni le prix de son salaire. (*Arr. du Gouvern., du* 4 *Août* 1800, ou 16 *ther. an* 8).

Le contribuable saisi a le droit de se faire recevoir dépositaire volontaire des objets saisis ; si le porteur de contraintes le refuse, le motif de son refus doit être mentionné dans le procès-verbal de saisie. (*Disposit. réglem.*).

Si le contribuable saisi justifie de sa solvabilité par un certificat du Maire, le porteur de contraintes doit l'admettre, sous peine de destitution. (*Mêmes disposit.*).

Si le contribuable refuse l'entrée de sa maison, s'il en ferme les portes, le porteur de contraintes se retire devant le Juge de paix, ou, à son défaut, devant un Commissaire de police, ou devant le Maire, pour qu'il soit procédé, en leur présence, à l'ouverture des portes, même des meubles fermant à clé.

Tous les actes de poursuites doivent porter en marge le montant des frais qui en résultent.

Les Percepteurs doivent se rendre en personne, une fois par mois, à moins que leur remplacement ne soit autorisé par le Préfet, dans les communes de leur arrondissement de perception. (*Cir. du Minist., du* 21 *mars* 1807).

Ils doivent faire constater leur présence dans chaque commune sur un livre d'ordre. (*Dispos. réglement.*).

Les Percepteurs qui ne se conforment pas à ces dispositions, ne peuvent exiger des contribuables des communes où ils ne se sont pas rendus, le paiement des frais qu'ils ont dirigés contre eux.

Ils doivent émarger, en présence des contribuables, sur le rôle, les sommes reçues, croiser les articles soldés. (*Arr. du 4 août* 1810, ou 16 *ther. an* 8).

Ils délivrent aux contribuables une quittance à talon, sur laquelle ils font mention des frais que paie le contribuable. (*Même arr.*).

Au cas de contestation sur la fixation des frais, le contribuable se retire devant le Maire, qui statue comme en matière sommaire, sauf recours devant le Sous-Préfet ou le Préfet, s'il y a lieu. (*Loi du* 25 *mars* 1817).

Un contribuable n'est valablement libéré que lorsqu'il est porteur d'une quittance à talon. Toute autre pièce ne le mettrait pas à l'abri de payer une seconde fois, dans le cas où le Percepteur serait remplacé ou destitué. (*Arr. du* 4 *août* 1800, ou 16 *ther. an* 8).

Lorsqu'un contribuable doit sur deux exercices, le Percepteur peut imputer le paiement qu'il reçoit sur le plus arriéré, sans que le contribuable puisse s'y opposer.

Le Percepteur qui laisse écouler trois années à compter du jour de la remise des rôles, ou qui, après les avoir commencées, les suspend pendant un même délai, ne peut contraindre les contribuables au paiement des Contributions dont il aurait ainsi négligé le recouvrement.

La prescription étant acquise au contribuable après ce délai, un Percepteur ne pourrait même se pourvoir par voie judiciaire pour le paiement de ces Contributions, quoiqu'en ayant versé le montant de ces fonds. (*Lois des* 1er *déc.* 1790, 23 *nov.* 1798, ou 23 *frim. an* 7, 4 *août* 1800, ou 16 *ther. an* 8, *et déc. du* 18 *août* 1807).

Tarif des frais à payer pour la contrainte mentionnée dans l'art. 29 de l'arrêté du 1er juillet 1817.

Pour un recouvrement de 10 f. et au-dessous.	»	20 c.
de 10 à 25.	»	40
de 25 à 50.	»	70
de 50 à 100.	1 f.	»
de 100 f. et au-dessus.	1	50

Tarif des frais à payer, par les contribuables, pour les poursuites dirigées contre eux, conformément à

Commandement		Droit de Porteur de contraintes.
Pour une somme de 10 f. et au-dessous. .	»	25 c,
de 10 à 30.	»	50
de 30 à 60.	»	75
de 60 à 100.	»	80
de 100 f. et au-dessus. . .	1 f.	»

Indépendamment de cette somme, le contribuable devra :

Pour le papier timbré, ci. . . . . » 70 c.
Pour l'enregistrement du commandem. . 2 f. 40

Loi du 28 Avril 1816.

Les commandemens pour une somme de 25 fr. et au-dessous, ainsi que les saisies qui auront lieu pour la même somme, ne sont pas sujets au droit d'enregistrement. (*Art. 68 et 70 de la loi du 22 Frimaire an 7.*)

teinture; les Amidonniers; les Tanneurs; les Corroyeurs; les Ciriers; les Charcutiers; les Pâtissiers; les Marchands de liqueurs; les Marchands de vin; les Marchands de vinaigre; les Rôtisseurs; les Maîtres d'hôtel garni; les Marchands de papiers; les Marchands de chevaux et autres bêtes de somme; les Marchands de bœufs, vaches, veaux, moutons et cochons; les Maîtres de billard, les Paumiers; les Limonadiers; les Carossiers; les marchands de laine, fil et coton, en détail; les Marchands de grains, autres que ceux de leur récolte; les Huissiers; les Huissiers-Priseurs; les Détenteurs, Fermiers ou Entrepreneurs de bacs sur les fleuves et rivières; les Propriétaires de bâtimens faisant le cabotage; les Marchands cartiers; les Marchands cartonniers; les Peseurs jurés; les Jaugeurs de liquides; les Fabricans d'eau-de-vie; les Marchands de rubans; les Marchands de comestibles; les Aubergistes.

QUATRIÈME CLASSE.

Pour les communes de 100,000 ames et au-dessus. . . . . 50 f.

Pour celles de 5,000 à 10,000 ames. . . 10

Pour celles au-dessous de 5.000 ames. . 8

Les Ébénistes; les Fripiers; les Marchands de meubles; les Marchands de bois, n'exploitant point de vente dans les bois ni forêts, etc., n'ayant ni chantiers ni magasins; les Marchands d'écorces; les Serruriers; les Taillandiers; les Armuriers; les Couteliers; les Éperonniers; les Couvreurs; les Plombiers; les Marchands en détail de fer, acier et autres métaux; les Marchands d'épiceries; les Marchands de quincaillerie; les Marchands de cuirs et de peaux; les Chapeliers; les Bonnetiers; les Loueurs de chevaux et de voitures suspendues; les Marchands de papiers peints; les Marchands de verres et verroteries; les Marchands de porcelaines et cristaux; les Marchands de modes; les Marchands de plumes peintes; les Marchands de fleurs artificielles; les Perruquiers; les Coiffeurs de femmes; les Selliers; les Parfumeurs; les Libraires; les Officiers de santé; les Dentistes; les Gantiers; les Marchands de parasols; les Marchands de merrain en détail; ceux qui tiennent les bains publics; les Marchands d'objets de curiosités; les Mesureurs de sel; les Maîtres de Maçons; les Marchands de faïence; les Fabricans de couvertures de soie, coton ou laine; les Mesureurs de toiles et autres étoffes; les Apprêteurs d'étoffes; les Marchands de couleurs; les Marchands de boutons.

CINQUIÈME CLASSE.

Pour les communes de 100,000 ames et au-dessus. . . . . 40 f.

Pour celles de 5,000 à 10,000 ames. . . 8

Pour celles au-dessous de 5,000 ames. . 5

Les Boulangers; les Meuniers; les Blatiers; les Cabaretiers; les Marchands de tableaux et gravures, en boutique; les Marchandes lingères; les Batteurs et Tireurs d'or; les Galonniers; les Tourneurs sur métaux; les Tabletiers; les Layetiers; les Miroitiers; les Évantaillistes; les Lunetiers; les Bouchonniers; les Appareilleurs; les Arrimeurs; les Dragueurs; les Luthiers; les Opticiens; les Marchands de Baromètres; les Facteurs d'instrumens de physique, d'astronomie et de mathématiques; les Marchands de barriques; les Marchands d'œuvre; les Marchands de briques, ardoises, tuiles, plâtres, chaux et lattes; les Constructeurs de barques, bateaux et batelets; les Ferblantiers; les Mégissiers; les Charpentiers, les Charrons; les Bourreliers; les Menuisiers; les Marchands de Chanvre, lin et filasse; les Marchands de résine; les Marchands de poudre à tirer; les Marchands de cordes et cordages; les Marchands de chocolat; les Marchands de Macaroni et autres pâtes de même nature; les Brossiers; les Mariniers en chef; les Déchireurs de bateaux; les Entrepreneurs de vidanges; les Boyaudiers; les Entrepreneurs de pavés; les Entrepreneurs de chaussées et routes; les Marchands de musique et de cartes de géopraphie; les Poëliers; les Fumistes; les Marchands de cannes.

SIXIÈME CLASSE.

Pour les communes de 100,000 ames et au-dessus. . . . . 30 f.

Pour celles de 5,000 à 10,000 ames.. . 5

Pour celles au-dessous de 5,000 ames.. 4

Les Teinturiers; les Dégraisseurs; les Parcheminiers; les Imprimeurs en taille-douce; les Fourbisseurs; les Potiers d'étain; les Tonneliers; les Boisseliers; les Coffretiers-Malletiers; les Cordiers; les Rubaniers; les Fondeurs; les Doreurs; les Argenteurs; les Fruitiers en boutique; les Grainiers; les Herboristes; les Potiers de terre; les Plâtriers; les Marbriers; les Marchands d'eaux minérales; les Vaniers; les Arpenteurs; les Maréchaux-ferrant; les Fabricans à métiers pour leur compte; les Marchands de tabac; les Marchands de gibier et volaille; les Marchands de Fourrages; les Marchands de salins et potasse; les Crémiers; les Fabricans de peignes; les Forgerons; les Propriétaires de bateaux; les Marchands de pain; les Carriers; les Traiteurs à bœufs; les Marchands de vimes; les Voiliers; les Tondeurs et Friseurs de laine; les Nattiers; les Laniers; les Carreleurs; les Revendeurs; les Restaurateurs de tableaux; les Marchands de parasols; les Bouquinistes; les Distillateurs d'eau forte; les Fabricans de colle;

les Laveurs de cendre; les Marchands de peaux pour l'habillement et l'armement.

SEPTIÈME CLASSE.

Pour les communes de 100,000 âmes et au-dessus. . . . . 20 f.

Pour celles de 5,000 à 10,000 âmes. . . 4

Pour celles au-dessous de 5,000 âmes. . 3

Les Tailleurs; les Grainiers; les Brodeurs; les Passementiers; les Tourneurs en bois; les Graveurs sur métaux; les Balanciers; les Perruquiers; les Cordonniers; les Tisserands; les Vitriers; les Couturières; les Cloutiers; les Epingliers; les Marchands de poisson frais et salé; les Marchands de sabots; les Marchands de sel; les Tailleurs de pierre; les Ferrailleurs; les Vendeurs de bière; les Vendeurs de cidre; les Vendeurs d'eau-de-vie; les Conducteurs de voitures pour des voyageurs; les Patachiers; les Pompiers; les Fontainiers; les Voituriers; les Bouviers pour le transport des marchandises; les Bimbelotiers, ou Marchands de jouets d'enfans; les Galochiers; les Relieurs; les Charbonniers et Marchands de charbon de terre en détail; les Logeurs; les Scieurs de long; les Porteurs d'eau avec voitures; les Cercliers; les Marchands de balais; les Peintres en bâtimens; les Graveurs sur métaux.

MODÈLE
DE PÉTITION
en décharge.

Inscrire sur papier timbré.

Les demandes en décharge doivent être présentées dans les trois mois de la mise en recouvrement des rôles.

Joindre l'extrait.

A Monsieur le Préfet du département d

MONSIEUR LE PRÉFET,

JE suis imposé dans la commune d
à la somme de ainsi qu'il résulte de l'extrait du rôle ci-joint,

Pour une propriété que je ne possède pas *(s'il s'agit de la Contribution foncière)*.

Pour un domicile que je n'ai pas *(s'il s'agit de la contribution personnelle)*.

Pour une maison que je n'habite pas *(s'il s'agit de la Contribution des portes et fenêtres.)*

Pour la profession d que je n'exerce pas *(s'il s'agit de la Contribution des patentes)*.

Veuillez, Monsieur le Préfet, faire instruire ma demande, et y statuer.

J'ai l'honneur d'être avec respect.

(Signer, et indiquer le domicile).

NOTA. *Dans les arrondissemens autres que celui du chef-lieu, la pétition doit être adressée dans la même forme au Sous-Préfet.*

MODÈLE
DE PÉTITION
en réduction.

Inscrire sur papier timbré.

Pour la Contribution foncière.

Les demandes réduction doivent être présen-

A Monsieur le Préfet du Département d

MONSIEUR LE PRÉFET,

JE suis imposé dans la commune d
pour une pièce de *(mettre la nature de culture)* pour un revenu net de à la somme de

Cette évaluation est évidemment trop forte, puisque M. pour une pièce complantée en même nature et de la même qualité, de la contenance de située à même commune, ne paye que

Je demande, en conséquence, une réduction dans l'évaluation du revenu de et une réduction proportionnelle dans la Contribution en résultant.

S'il s'agit seulement de réduction dans la contenance, on n'a pas besoin de fournir de terme de comparaison.

On motivera alors ainsi la demande : Pour une pièce de dont la contenance est portée à tandis qu'elle n'est que de

Veuillez, Monsieur le Préfet, donner des ordres pour l'instruction de ma réclamation, et y statuer.

J'ai l'honneur, etc.

tées dans les trois mois de la mise en recouvrement des rôles.

Joindre, pour la Contribution foncière, l'extrait de la matrice du rôle, pour les articles pour lesquels on réclame, et pour les articles présentés comme terme de comparaison.

Pour les autres natures de Contributions, seulement l'extrait du rôle.

Nota. *On rappelle ici que les demandes en réduction ne peuvent pas avoir lieu dans les cantons cadastrés, après les premiers six mois de la mise en recouvrement des rôles cadastraux.*

MODÈLE DE PÉTITION Pour la Contribution personnelle.

Je suis imposé à la Contribution personnelle et mobilière de la commune d à la somme de

Cette cote est établie sur un mobilier évalué à

Cette évaluation est évidemment trop forte, comparativement au loyer de la maison de située à qui n'est portée qu'à

Ou, cette évaluation évidemment trop forte, provient de ce qu'on a compris, dans l'évaluation du loyer, une partie de la maison sous-louée à *ou* servant de magasin, etc., dont la valeur locative ne doit pas faire partie de celle de l'habition servant de base à la fixation de ma contribution mobilière.

J'ai, en conséquence, etc.

MODÈLE
DE PÉTITION
Pour
la Contribution
des portes
et fenêtres.

Je suis imposé à la Contribution des portes et fenêtres pour une maison que je possède dans la commune d

Pour *(mettre le nombre d'ouvertu-res)*.	Porte cochère, Ouvertures du 1er ou 2me éta-ge, etc.	à la somme de

Il y a erreur dans cette taxation, puisque cette maison n'a que *ou* pas de porte cochère, *ou* que ouvertures au 1er étage, etc.

Je réclame, en conséquence, la réduction de cette imposition.

Veuillez, Monsieur le Préfet, ordonner l'instruction de ma demande, et y statuer.

MODÈLE
DE PÉTITION
Pour
la Contribution
des patentes.

Je suis imposé au rôle des patentes pour la profession d dans la commune d à la somme de

Si on est imposé pour une profession qui n'est pas celle qu'on exerce, on l'énoncera dans sa réclamation.

Si c'est contre l'évaluation du droit proportionnel qu'on réclame, on dira :

Cette taxe résulte du droit proportionnel évalué, pour les bâtimens que j'occupe et pour ceux affectés à l'exploitation de mon commerce, *ou* de mon industrie, à la somme de

Tandis que je ne paye de loyer, pour ces bâtimens, que *ou*, si on est propriétaire, que la valeur locative de cette partie de bâtiment ne doit être que de

Je demande donc la réduction de cette taxe.

Veuillez, Monsieur le Préfet, faire instruire ma demande, et y statuer.

MODÈLE DE PÉTITION
En remise et modération.

Inscrire sur papier timbré.

Joindre l'extrait du rôle.

Les demandes en remise ou modération ont lieu lorsqu'un contribuable perd la totalité ou partie du motif de l'impôt.

Elles sont admissibles jusqu'à la fin de l'année.

Je suis imposé à la Contribution de *(désigner la nature de la Contribution pour laquelle on réclame)* dans la commune d à la somme de

S'il s'agit de la Contribution foncière, on continuera ainsi :

La totalité, *ou* partie de mes récoltes a été enlevée. *(Indiquer l'événement qui a occasioné la perte).*

S'il s'agit de la Contribution personnelle, des portes et fenêtres, on continuera ainsi :

L'état de gêne que j'éprouve *(en indiquer la cause, comme le manque de travail, les char-*

ges d'une nombreuse famille, les maladies, les infirmités, etc.)

S'il s'agit de la Contribution des patentes :

(Le défaut absolu ou le peu d'affaires, de debet ou travail, etc.)

L'on concluera, pour tous les motifs indiqués ci-dessus, la pétition ainsi qu'il suit :

Veuillez avoir la bonté, Monsieur le Préfet, de faire prendre des renseignemens sur ma réclamation, et de m'accorder la remise de ma taxe, ou une modération sur ma taxe. *(Rappeler la Contribution).*

FIN.

On trouve chez le même :

Les Espiègleries de l'Enfance, ou l'Indulgence maternelle, Contes et Historiettes propres à être donnés aux enfans de 6 à 8 ans; par madame de Renneville. 1 v. in-18 orné de 4 jol. grav. Paris, 1821. 1 f. 50.

Infernaliana, ou Anecdotes, petits Romans, Nouvelles et Contes sur les Revenans, les Spectres, les Démons et les Vampires; publié par Ch. N***. Paris, 1822. 1 volume in-12 2 f.

Saint-Ernulphe, ou les Proscriptions; par M. L. Fleury. Deuxième édition. Paris, 1822. 2 v. in-12, avec une jol. grav. 4 f.

Sous presse, pour paraître le 1er novembre, la première livraison.

Dictionnaire analitique et raisonné de l'Histoire de France, comprenant l'Histoire des Sciences, des Arts et des Métiers, et les Biographies des illustres Français. 10 vol. in-8 en caract. neuf dit gaillarde de M. Firmin Didot, beau papier; chaque volume de 600 à 700 pages, 12 f.
En papier vélin, 18 f.

Ce Dictionnaire éminemment national, sera

écrit avec la plus grande impartialité. La France, orgueilleuse de tous ses hauts-faits, verra avec la même vérité les batailles de Bouvines, Rocroi, Denein, Fontenoi, que celles de Zurich, Marengo et Austerlitz. Les noms illustres des Condé, des Turenne, des Villars marcheront avec ceux des Masséna, des Dessaix, des Lannes. Le savant, l'homme de lettres, l'agriculteur, l'artisan, qui auront fait des découvertes, utiles, ou contribué aux progrès des sciences et des arts, orneront encore cet ouvrage, qui paraîtra par demi-vol. de mois en mois.

IMPRIMERIE DE CONSTANT-CHANTPIE,
RUE SAINTE-ANNE, N° 20.

IMPRIMERIE DE CONSTANT-CHANTPIE,
rue Sainte-Anne, n° 20.

www.ingramcontent.com/pod-product-compliance
Ingram Content Group UK Ltd.
Pitfield, Milton Keynes, MK11 3LW, UK
UKHW021643260726
13994UKWH00003B/1247